AF381496

LA GUERRE DE GAZA

Les temps forts du conflit israélo-palestinien, de 2006 à 2014

Par Marie Fauré

50MINUTES.fr

LA GUERRE DE GAZA   11

Introduction

Données clés

CONTEXTE   15

Un territoire au carrefour des religions

Le sionisme et le retour vers la Terre promise

La proclamation de l'État d'Israël et le premier conflit israélo-palestinien

Les tentatives de paix

Vers la radicalisation

PROTAGONISTES PRINCIPAUX   23

Le Hamas, organisation islamiste palestinienne

Mahmud Abbas, homme politique palestinien

Benyamin Netanyahou, homme politique israélien

LA GUERRE DE GAZA   29

Les opérations militaires

Le blocus

Contrer les effets du blocus : les actions du Hamas et l'intervention humanitaire

Faire cesser le conflit ? L'impuissance de la communauté internationale

RÉPERCUSSIONS 55

Une guerre désormais passée sous silence

La reconnaissance
de l'État palestinien

Point sur la situation actuelle

EN RÉSUMÉ 61

POUR ALLER PLUS LOIN 69

LA GUERRE DE GAZA

INTRODUCTION

Parmi les conflits contemporains, celui qui oppose Israël à la bande de Gaza est l'un de ceux qui suscitent le plus de réactions à l'échelle mondiale. Pourtant, l'enclave palestinienne de Gaza ne représente qu'une bande de terre littorale de 360 km^2, située à l'extrémité orientale de la Méditerranée. Mais il s'agit d'un des espaces les plus peuplés de la planète, avec 1,76 million d'habitants, dont 72 % sont aujourd'hui considérés comme des réfugiés, ce qui cristallise les tensions.

Depuis les élections de janvier 2006, le pouvoir y est détenu par le Hamas, un groupe islamiste considéré comme terroriste par les organisations internationales. Dès lors, les frictions entre les islamistes et Israël se multiplient, et prennent bien souvent la forme d'affrontements militaires, notamment depuis le blocus mis en place par Tel-Aviv avec l'aide de l'Égypte qui asphyxie le territoire gazaoui.

La population, ne pouvant compter sur une structure étatique du fait de la non-existence officielle de l'État palestinien, souffre énormément de cette situation. Touchée par une grave crise humanitaire et sociale, elle peine à recevoir l'aide étrangère. De plus, les tentatives internationales pour mettre fin aux attaques et au blocus restent discrètes et le plus souvent sans réponse.

DONNÉES CLÉS

- **Quand ?** Entre 2006 et 2014.
- **Où ?** Dans la bande de Gaza, en Palestine.
- **Contexte ?**
  - Le conflit israélo-palestinien.
  - La victoire du Hamas aux élections législatives palestiniennes de janvier 2006.
- **Protagonistes principaux ?**
  - Le Hamas, organisation islamiste palestinienne (fondé en 1987).
  - Mahmud Abbas, homme politique palestinien (né en 1935).
  - Benyamin Netanyahou, homme politique israélien (né en 1949).
- **Répercussions ?**
  - La reconnaissance de l'État palestinien.
  - La réélection du Likoud (parti conservateur) aux élections israéliennes de mars 2015.
  - Les divisions internes au sein de Gaza.

CONTEXTE

UN TERRITOIRE AU CARREFOUR DES RELIGIONS

Par sa situation de carrefour des grandes voies maritimes et commerciales entre l'Europe, l'Orient et l'Afrique, Gaza a toujours été une terre convoitée, depuis Alexandre le Grand (356-323 av. J.-C.) en 332 av. J.-C. jusqu'aux croisés au XIIe siècle, ce qui montre qu'à la dimension stratégique s'ajoute une dimension religieuse faisant de la Palestine une poudrière. Cet espace est en effet considéré comme le berceau des trois grandes religions monothéistes que sont le judaïsme, la chrétienté et l'islam, et regroupe la majorité des lieux saints. Si Gaza est occupée depuis le XIIIe siècle par les Ottomans musulmans, elle reste donc néanmoins un territoire historiquement instable.

LE SIONISME ET LE RETOUR VERS LA TERRE PROMISE

À la fin du XIXe siècle, suite aux persécutions subies par la communauté juive en Europe centrale et de l'Est, émerge le mouvement sioniste, qui prône un retour vers la Terre promise, cette Palestine de laquelle les juifs ont été chassés en 135 de notre ère par les Romains. Theodor Herzl (journaliste hongrois, 1860-1904) déclare ainsi au premier congrès sioniste qu'il organise à Bâle en 1897 : « L'objectif final du sionisme est de créer, pour le peuple juif, un foyer en Palestine, garanti par le droit public. » (MUTIN (Georges), *Géopolitique du monde arabe*, Paris, Ellipses, 2012, p. 169)

La déclaration Balfour de 1917 vient renforcer les convictions sionistes en annonçant le soutien de la Grande-Bretagne à l'établissement d'un foyer national juif en Palestine. En 1922, suite au démantèlement de l'Empire ottoman, la région est placée sous mandat britannique par la Société des Nations (SDN). Dès lors, l'immigration juive entamée au début du siècle se poursuit : alors que la part de la population juive était de 10 % en 1922, elle atteint 38 % en 1936, ce qui ne tarde pas à provoquer de nombreuses révoltes des peuples autochtones qui se voient peu à peu dépossédés de leurs terres. La situation est si tendue que les Britanniques proposent à plusieurs reprises d'encadrer l'arrivée de la population juive, tout en promettant la création d'une Palestine indépendante.

La Seconde Guerre mondiale (1939-1945) et le génocide perpétré par les nazis contre le peuple juif constituent un tournant dans l'histoire de la Palestine et de Gaza, et renforcent plus encore le phénomène d'immigration. En 1947, les juifs représentent ainsi près d'un tiers de la population palestinienne. Face à cette situation, la jeune Organisation des Nations unies (ONU) se voit rapidement contrainte de trouver une solution afin de réglementer la cohabitation avec les populations arabes qui se sentent de plus en plus lésées. Elle propose, le 29 novembre 1947, un plan de partage visant à créer deux États distincts : 56,5 % de la Palestine deviendrait un État juif ; 43,5 % constituerait un État palestinien homogène, alors que Jérusalem resterait sous tutelle internationale. La proposition est unanimement rejetée par la Palestine et les pays arabes.

LA PROCLAMATION DE L'ÉTAT D'ISRAËL ET LE PREMIER CONFLIT ISRAÉLO-PALESTINIEN

La fin du mandat britannique en 1948 laisse le champ libre à la proclamation unilatérale de l'État d'Israël par David Ben Gourion (homme politique israélien, 1886-1973) le 14 mai de la même année. Le lendemain éclate la première guerre entre Israël et les pays arabes, opposés à la création de ce nouvel État. Gaza devient dès lors un refuge pour les Palestiniens chassés de leur territoire, passant en six mois de 70 000 à 250 000 habitants. La fin des combats, en 1949, fixe une ligne de démarcation qui entérine l'émiettement des territoires palestiniens. Les frontières de la bande de Gaza sont arrêtées, et elle est placée sous administration égyptienne.

En 1967, en remportant la guerre des Six Jours contre les pays arabes, Israël récupère la bande de Gaza et met en place une politique de colonisation, le but étant d'empêcher toute possibilité de création d'un État palestinien par un mitage de l'espace qui rompt la continuité géographique palestinienne. Dans les années quatre-vingt,

Israël exploite ainsi 42 % des terres de Gaza, malgré un nombre de colons limité (environ 6 000 en 2 000).

LES TENTATIVES DE PAIX

La communauté internationale et une partie de l'opinion israélienne prennent conscience de la gravité de la situation lors de la première Intifada (guerre des pierres) en 1987, menée par les Palestiniens dans les territoires occupés (bande de Gaza et Cisjordanie), et sa violente répression par Israël. Les États-Unis décident de mettre sur pied un processus de paix en réunissant, le 30 octobre 1991, à Madrid, Israël, la Syrie, le Liban, l'Égypte, la Jordanie et l'Organisation de libération de la Palestine (OLP). Parallèlement, des représentants israéliens et palestiniens entament des négociations secrètes en Norvège, avec comme préalable la reconnaissance mutuelle de l'OLP et de l'État d'Israël. C'est le début du processus d'Oslo. L'accord du Caire ou Oslo 1 de mai 1994 prévoit l'instauration d'une période d'autodétermination de cinq ans pour la Palestine et l'autonomie pour la bande de Gaza (hors des colonies israéliennes), alors que les accords de Tabba ou Oslo 2 de septembre 1995 entérinent la mise en place de l'Autorité exécutive et du Conseil palestinien, qui s'installent à Gaza. Cependant, l'arrivée du Likoud au pouvoir en Israël met un point d'arrêt à ce processus de paix.

Les États-Unis tentent à plusieurs reprises de relancer les discussions. Le mémorandum de *Wye River Plantation* en octobre 1998 et celui de Charm el-Cheikh en septembre 1999 prévoient la création d'un port et d'un aéroport à Gaza, ainsi que l'établissement d'une liaison routière entre Gaza et la Cisjordanie. Celle-ci est finalement ouverte, de même que l'aéroport, dont Israël conserve cependant le contrôle. Alors qu'un nouveau sommet s'ouvre à Camp David en juillet 2000, l'OLP annonce officiellement sa volonté de proclamer l'indépendance de la Palestine le 13 septembre suivant, dans les limites de 1967, et d'appliquer le droit au retour des réfugiés inscrits dans la convention de Genève. C'est la fin du processus de paix.

VERS LA RADICALISATION

Les années 2000 voient se multiplier les actes de violence et de provocation. Le 28 septembre 2000, la visite du chef du Likoud, Ariel Sharon (homme politique israélien, 1928-2014), sur l'esplanade des Mosquées à Jérusalem-Est est à l'origine de la seconde Intifada. Les deux camps se radicalisent : attentats meurtriers perpétrés par le Hamas, répression aveugle d'Israël. On assiste à une montée de la violence. En mars 2002, l'armée israélienne lance l'opération « Rempart » dans la bande de Gaza, afin de démanteler l'Autorité palestinienne et d'assassiner les chefs du Hamas, alors que Tel-Aviv entame la construction d'un mur de séparation entre la Cisjordanie et Israël.

En 2005, le Gouvernement israélien décide d'évacuer les colons juifs présents dans la bande de Gaza et de renforcer les points de passage à la frontière. Ce retrait renforce la position du Hamas, déjà très influent à Gaza grâce à son réseau associatif d'entraide, ce qui tend à prouver que la lutte armée est plus efficace que le dialogue prôné par l'Autorité palestinienne.

PROTAGONISTES PRINCIPAUX

LE HAMAS, ORGANISATION ISLAMISTE PALESTINIENNE

Le Hamas (« zèle » en arabe) est une organisation islamiste créée le 9 décembre 1987 lors de la première Intifada par six membres des Frères musulmans. Elle est considérée comme terroriste par la communauté internationale et Israël en 2001. Son but est à l'origine de « réislamiser » la société palestinienne par une forte implication sur le terrain social et idéologique, mais, à partir de la seconde Intifada et sa violente répression par Israël, l'organisation choisit la lutte armée, revendiquant plusieurs attentats suicides en territoire israélien.

Le démantèlement de l'Autorité palestinienne par Ariel Sharon en 2002 permet au Hamas d'entrer dans le jeu politique, malgré l'assassinat de ses leaders. Fortement implanté dans la bande de Gaza et vainqueur en janvier 2006 des élections législatives palestiniennes, le Hamas exclut le Fatah (organisation palestinienne membre de l'OLP) de Mahmud Abbas en juin 2007 à l'issue d'une confrontation meurtrière.

Dépassés parfois par des groupes islamistes plus radicaux encore, comme le Djihad islamique, et isolés d'un point de vue régional et international, le Hamas et le chef de son bureau politique, Khaled Mechaal (né en 1956), semblent aujourd'hui favorables à un rapprochement avec le Fatah, même s'ils refusent toujours de reconnaître l'existence de l'État d'Israël.

MAHMUD ABBAS, HOMME POLITIQUE PALESTINIEN

Né en 1935 à Safed, en Galilée, Mahmud Abbas devient réfugié syrien en 1948. Il est l'un des fondateurs du Fatah, en 1959, et est élu au Conseil national palestinien en 1968. Rentré en Palestine en 1995, il y est nommé secrétaire général de l'OLP.

Dès les années soixante-dix, il joue un rôle de pionnier en encourageant les contacts entre l'OLP et les milieux de gauche israéliens, et participe aux négociations secrètes des accords d'Oslo au début des années quatre-vingt-dix. Mécontent de la mise en œuvre de ces accords, il reste cependant l'un des seuls dirigeants palestiniens à condamner publiquement la militarisation de la seconde Intifada.

À la mort de Yasser Arafat (homme politique palestinien, 1929-2004), il est élu président de l'Autorité palestinienne le 9 janvier 2005. Il parvient alors à rétablir des contacts avec Israël et à obtenir une « trêve ». Un an plus tard, malgré la victoire du Hamas aux élections législatives, il se maintient à la tête de l'Autorité palestinienne avec le soutien des pays occidentaux et œuvre pour la reconnaissance internationale de l'État palestinien.

BENYAMIN NETANYAHOU, HOMME POLITIQUE ISRAÉLIEN

Benyamin Netanyahou naît à Tel-Aviv en 1949. Son père étant lié au milieu ultranationaliste juif, il est lui-même très marqué par la mort de son frère dans un raid contre des terroristes allemands et palestiniens. Il part s'installer dans les années soixante aux États-Unis, et est nommé chef de mission adjoint à l'ambassade d'Israël à Washington en 1982, puis représentant d'Israël à l'ONU de 1984 à 1988.

Sa carrière politique en Israël débute en 1988 quand il est élu à la Knesset (Parlement de l'État d'Israël) sur la liste du Likoud. Nommé vice-ministre des Affaires étrangères, il participe à ce titre à la conférence de Madrid en 1991. Il devient président du Likoud en 1993 avant d'être élu Premier ministre en 1996.

Opposé à tout accord avec l'OLP et proche de l'aile la plus conservatrice du lobby pro-israélien aux États-Unis, il prône la construction du Grand Israël et la poursuite de la colonisation, tout en rejetant toute possibilité de constitution d'un État palestinien.

Défait lors des élections de 1999, il démissionne du Likoud, mais revient dès 2002 dans le cabinet d'Ariel Sharon, son successeur. Farouchement opposé au retrait de la bande de Gaza, il démissionne du Gouvernement en signe de protestation en 2005, mais il revient à la tête du Likoud dès le mois de décembre suivant. En 2009, il prend les rênes d'un gouvernement de coalition et remporte à nouveau les élections législatives de mars 2015.

LA GUERRE DE GAZA

LES OPÉRATIONS MILITAIRES

Deux mois après son élection (janvier 2006), le Hamas cherche à instaurer la peur dans le camp adverse, par des tirs de roquettes et d'obus de mortier depuis Gaza sur le Sud d'Israël, ainsi que par des incursions sur la frontière israélienne, capturant lors de l'une d'elles, le 25 juin 2006, Gilad Shalit, un soldat israélien. La riposte de Tel-Aviv ne se fait pas attendre et, le 28 juin, l'armée israélienne lance une vaste offensive aérienne et militaire sur Gaza, l'opération « Pluies d'été », avec pour but de pilonner les positions islamistes. Mais les conséquences pour les civils s'avèrent désastreuses.

LE SAVIEZ-VOUS ?

Les principales victimes de la guerre de Gaza sont avant tout les civils, regroupés dans des zones à très forte densité et de fait très vulnérables. Lors de l'opération « Pluies d'été », Nabil Abu Salmiah, sa femme, leurs cinq filles et deux de leurs fils trouvent la mort dans le bombardement de leur maison par l'armée israélienne. Accusée d'avoir visé des civils, l'armée israélienne se défendra en affirmant avoir visé des militants du Hamas sans savoir qu'une famille vivait à cet endroit.

Dès lors, la guerre de Gaza oscille entre périodes de paix relative, ponctuées de tirs de roquettes depuis Gaza et de raids israéliens, et périodes d'attaques militaires frontales menées par l'armée israélienne dans le territoire gazaoui.

Le Hamas profite de la fin des opérations militaires pour écarter le Fatah de Gaza. Malgré un cessez-le-feu signé entre les deux forces palestiniennes le 10 mai 2007, le Hamas met en déroute le Fatah dans la nuit du 14 au 15 juin. La Palestine se trouve ainsi divisée en deux entités : la Cisjordanie, dirigée par le Fatah, et la bande de Gaza, aux mains du Hamas. En réaction, le Gouvernement israélien déclare Gaza territoire hostile et commence à appliquer des sanctions économiques. Le 27 février 2008, après d'énièmes tirs de roquettes depuis Gaza, l'armée israélienne lance l'opération « Hiver chaud », faisant 130 morts parmi les Palestiniens et d'importants dégâts matériels. Le Hamas décide lui aussi de passer à l'offensive avec l'opération « Briser le siège », s'en prenant au blocus économique. À partir du 9 avril, des commandos palestiniens attaquent les check-points contrôlés par l'armée israélienne. Mais, grâce à la médiation égyptienne, le Hamas et Israël parviennent finalement à signer une trêve de six mois en juin 2008.

Toutefois, cette trêve n'est pas reconduite et les hostilités reprennent dès le mois de décembre, le Hamas accusant Israël de ne pas avoir respecté l'arrêt des combats et d'avoir multiplié les incursions sur le territoire gazaoui, et Tel-Aviv affirmant avoir découvert des tunnels creusés sous la frontière par le Hamas pour introduire des armes à Gaza. Le 18 décembre, le chef du Hamas déclare la fin du cessez-le-feu, contre l'avis du Hamas local, et, à partir du 24 décembre, de nombreux tirs de roquettes s'abattent à nouveau sur le Sud d'Israël. En représailles, le Gouvernement israélien lance l'opération « Plomb durci ». Celle-ci débute le 27 décembre par des attaques aériennes et maritimes visant les bâtiments de l'administration du Hamas, les services de sécurité, les tunnels et les dirigeants de l'organisation. Au bout d'une semaine, alors que la presse internationale est interdite depuis le 29 décembre, l'armée israélienne lance une attaque terrestre et coupe en deux la bande de Gaza. La communauté internationale multiplie, sans succès, les appels à l'arrêt des combats ou à l'instauration de trêves humanitaires, jusqu'à ce qu'Israël décrète un cessez-le-feu unilatéral le 18 janvier.

Cette opération militaire se révèle particulièrement dévastatrice. Les conséquences sur les infrastructures de Gaza sont désastreuses, avec près du tiers des écoles et des hôpitaux détruits, de même qu'une partie des moyens de production. L'insécurité alimentaire touche 75 % de la population, contre moins de 50 % en 2006. Les témoins, très choqués, racontent la violence des combats, et décrivent les forces israéliennes se frayant des passages dans des zones urbaines surpeuplées, les hôpitaux surchargés, le manque de médicaments et de nourriture, l'absence d'électricité et de fuel. Le bilan est lourd, avec plus de 1 300 morts et 5 000 blessés du côté palestinien, dont 40 % sont des femmes et des enfants, alors qu'Israël dénombre 13 morts, dont 3 civils, et 80 blessés.

Destruction d'un quartier résidentiel à la suite de l'opération « Plomb durci ».

Le 18 août 2011, des Palestiniens issus de Gaza perpètrent trois attentats contre des véhicules civils et militaires près de la station balnéaire d'Eilat, dans le Sud d'Israël, faisant huit morts, dont six civils, et de nombreux blessés. Tel-Aviv accuse le Hamas et riposte par plusieurs raids aériens. L'organisation islamiste, qui dément toute implication dans les attaques, décide de rompre la trêve de janvier 2009. Une nouvelle intervention égyptienne parvient à dissuader Israël d'engager une opération terrestre contre l'engagement du Hamas à respecter le cessez-le-feu. Le 28 octobre 2011, par un échange de prisonniers, le soldat Gilad Salit est libéré.

Pour autant, l'arrêt des combats reste précaire, et, le 5 août 2012, lors de l'attaque d'un poste-frontière entre l'Égypte et Israël, un commando palestinien s'empare d'un char et pénètre dans le territoire israélien, avant d'être neutralisé. En représailles, l'Égypte ferme sa frontière avec Gaza.

Le 14 novembre, poussée par la volonté d'annihiler les groupes islamistes, Tsahal (l'armée israélienne) lance pendant huit jours l'opération « Pilier de défense » dans la bande de Gaza. Cette offensive aérienne, maritime et terrestre, qui parvient dès le premier jour des combats à atteindre le chef des opérations militaires du Hamas, vise non seulement les bâtiments politiques, mais également les infrastructures. Les répliques palestiniennes se font également violentes. Le 16 novembre, pour la première fois, des tirs venant de Gaza atteignent les environs de Jérusalem et de Tel-Aviv, alors que des attentats suicides sont menés sur le sol israélien. On dénombre, après le cessez-le-feu conclu le 21 novembre, 155 morts et plus de 1 000 blessés palestiniens, et cinq morts du côté israélien.

Cette nouvelle trêve est plus ou moins respectée jusqu'au 8 juillet 2014, date à laquelle l'armée israélienne organise une nouvelle opération militaire contre Gaza en réponse à l'enlèvement et à l'assassinat de trois étudiants israéliens. Tel-Aviv soupçonnant à nouveau le Hamas, les recherches lancées par Israël pour retrouver les étudiants entraînent dans un premier temps des centaines d'arrestations et de violents affrontements en Cisjordanie et à Jérusalem. Pendant les 50 jours que dure l'opération « Bordure protectrice », les bombardements aériens et maritimes, alliés des soldats au sol, causent des dommages sans précédent : des quartiers entiers sont rayés de la carte. On dénombre près de 108 000 personnes sans-abris, 200 000 déplacés et 2 131 morts, dont 1 471 civils, parmi lesquels 501 enfants. Du côté israélien, cet épisode est particulièrement meurtrier au regard du nombre de victimes habi-tuel, avec 72 morts dont 66 soldats.

LE BLOCUS

Parallèlement aux opérations militaires, la guerre de Gaza prend également la forme d'un blocus économique et physique qui pèse fortement sur la vie quotidienne des populations. Si, dès la victoire du Hamas au début de l'année 2006, Israël interdit aux Gazaouis de venir travailler sur son territoire, ce n'est qu'en octobre 2007 que le blocus est réellement mis en place par Israël et l'Égypte, suite à la mainmise totale du Hamas sur la bande de Gaza. L'enclave palestinienne devient alors une véritable prison à ciel ouvert, et les rares points de passage sont étroitement sur-veillés par les armées égyptienne et israélienne.

LE SAVIEZ-VOUS ?

Le passage des check-points pour pénétrer ou pour sortir de Gaza est à la fois une épreuve morale et physique, comme le raconte Christiane Hessel-Chabry, membre de l'association de défense des enfants EJE (les Enfants, le Jeu, l'Éducation). Pour se rendre à Gaza, il faut, dans un premier temps, se présenter au poste-frontière israélien, où les candidats doivent attendre de longues heures sous le soleil, sans eau ni sanitaire, sans savoir s'il sera possible de passer. Après ce premier contrôle, il leur faut encore parcourir à pied un long trajet dans la poussière pour rejoindre le poste-frontière palestinien contrôlé par le Hamas, où ils sont à nouveau contrôlés et questionnés.

Le contrôle s'étend également aux eaux territoriales et à l'espace aérien. En octobre 2006, Israël fixe la limite des eaux accessibles aux Gazaouis à six miles, limite réduite de moitié en janvier 2009. Depuis, les pêcheurs palestiniens sont forcés de rester près des côtes, sous la surveillance israélienne. Alors qu'en avril 2007 on comptait 292 tonnes de poisson pêchées par an, deux ans plus tard cette quantité n'est plus que de 79 tonnes. Ce contrôle de l'espace devient d'autant plus stratégique depuis 2010 avec la découverte de gisements de gaz offshore. Quant à l'espace aérien, il est utilisé à sa guise par l'armée israélienne, et l'aéroport est détruit depuis 2002.

Le blocus permet également aux Israéliens de contrôler les marchandises entrant à Gaza. Le nombre de camions de vivres autorisés à pénétrer dans l'enclave palestinienne est de 4 000 par mois en 2010, soit le tiers de ce qui pouvait entrer avant la mise en place du blocus, tombant même à une vingtaine seulement au mois de novembre 2008. L'accès à la nourriture et aux médicaments est particulièrement problématique en temps de guerre puisque l'armée israélienne ferme complètement les points de passage. Israël contrôle également l'accès des Palestiniens aux matières premières. La pénurie de matériaux de construction est une dramatique pour les Gazaouis qui ne peuvent reconstruire les bâtiments détruits par les différentes attaques israéliennes. Après l'opération « Plomb durci », le 11 janvier 2008, l'UNRWA (Agence des Nations unies pour les réfugiés palestiniens) fait état de 20 000 maisons détruites et de plus de 50 000 autres jugées inhabitables. Dès lors, les familles n'ont d'autre choix que de camper le long des rues ou dans les ruines des habitations. Si, sur la demande des États-Unis, le passage de matériaux est temporairement autorisé à l'été 2010, cela se limite aux projets supervisés par les organisations internationales. Il est donc également impossible aux Gazouis de reconstruire les usines détruites par les bombardements. Israël va jusqu'à prohiber l'entrée de papier à Gaza à la fin de l'année 2007 afin de court-circuiter la propagande du Hamas.

L'accès à l'énergie est également contrôlé. L'approvisionnement en carburant, qui passe par le check-point de Nahal Oz, situé au Nord-Est de Gaza, est sporadique et souvent totalement supprimé, de même que l'accès à l'électricité et à l'eau potable. À partir de l'opération « Plomb durci », qui voit la centrale électrique alimentant Gaza bombardée, les coupures d'électricité sont monnaie courante pour les habitants, avec des conséquences très importantes sur l'ensemble de la vie quotidienne. L'accès à l'eau est également problématique. La moitié des eaux prélevées dans la nappe phréatique de Gaza est dirigée vers Israël, limitant fortement les possibilités de culture irriguée dans l'enclave palestinienne. On estime que 40 000 hectares de terres pourraient être irrigués si les Gazouis pouvaient jouir de leur eau. De plus, un rapport de l'UNRWA de juin 2014 mentionne que 90 % des eaux de Gaza sont impropres à la consommation humaine du fait de la surexploitation israélienne et de la pollution.

Enfin, le blocus est également financier, le Gouvernement israélien ayant suspendu depuis 2006 le versement des taxes, soit la TVA et les droits de douane, dues à l'Autorité palestinienne.

Les conséquences de ce blocus sont extrêmement graves pour la société et la population gazaouies, dont près de 60 % a moins de 14 ans. Or les associations insistent sur les traumatismes causés par cette mesure sur les enfants. Plus de 72 % de la population est considérée comme réfugiée, dont près de la moitié est regroupée dans les huit camps mis en place par l'ONU. Le taux de chômage est élevé, principalement chez les jeunes, et 70 % de la population vit en dessous du seuil de pauvreté. Un rapport de la CNUCED (Conférence des Nations unies sur le commerce et le développement) daté de septembre 2012 indique que la moitié des terres cultivables et 85 % des ressources issues de la pêche sont devenues inaccessibles pour les Gazaouis. Cette situation alimente la frustration de la population, qui se radicalise peu à peu.

CONTRER LES EFFETS DU BLOCUS : LES ACTIONS DU HAMAS ET L'INTERVENTION HUMANITAIRE

Divers intervenants tentent d'atténuer les effets du blocus sur la population locale. Le premier à le faire est le Hamas. S'il parvient en janvier 2008 à forcer la frontière égyptienne à l'aide d'explosifs ou s'il tente de tromper les contrôles israéliens, comme ce fut le cas le 19 mai 2006 lorsqu'un porte-parole de l'organisation est arrêté au check-point de Rafah alors qu'il transporte un million de dollars à destination de Gaza, la méthode la plus utilisée et la plus efficace est celle des tunnels creusés sous les frontières égyptienne et israélienne. En 2011, l'ONU en dénombrait près de 600 vers l'Égypte. Ces tunnels permettent au Hamas de faire entrer à Gaza des marchandises, le plus souvent convoyées par des adolescents, mais aussi de s'adonner à des trafics en tout genre, favorisant ainsi l'économie souterraine. L'ONU estime par exemple qu'en septembre 2011, 90 000 tonnes de ciment ont pu être introduites à Gaza par ce biais. Israël tente d'obstruer les tunnels, accusant le Hamas de faire entrer des armes dans Gaza par ce biais. L'Égypte, quant à elle, adopte à cet égard une attitude différente selon le pouvoir en place. Le président égyptien Hosni Moubarak (né en 1928) fermait les yeux la plupart du temps sur leur existence, alors qu'après le soulèvement de 2011, Mohamed Morsi (homme d'État égyptien, né en 1951), soutenu par les Frères musulmans, facilite ouvertement les trafics. Mais le coup d'État de 2013 appuyé par l'armée entraîne la reconsidération du traitement de Gaza : la frontière est fermée et les tunnels interdits. Lors de sa visite à Gaza en mars 2010, le coordinateur des secours d'urgence des Nations unies, John Holmes, estime que « si ces tunnels sont bloqués, si indésirables qu'ils puissent être et aussi indésirables que puissent être leurs conséquences sur la société et l'économie de Gaza, la situation sans les tunnels serait complètement insoutenable » (« TPO : la barrière métallique égyptienne teste les nerfs des habitants de Gaza », in *IRIN. Humanitarian news and analysis*).

Découverte d'un tunnel utilisé par le Hamas.

Le Hamas œuvre également dans le domaine social, avec la création de nombreuses écoles pour les enfants de Gaza, ainsi que d'universités et d'hôpitaux. De nombreuses associations et ONG qui lui sont liées travaillent aux côtés des Gazaouis pour améliorer la vie quotidienne. Au lendemain de l'opération « Plomb durci », leurs militants s'attachent à nettoyer les rues après les bombardements, et entretiennent tout ce qui peut maintenir le lien social dans une société où l'entraide est primordiale.

La population peut également compter sur l'aide et le soutien international, malgré la défection de l'aide provenant des États occidentaux après l'élection du Hamas, alors que celle-ci représentait plus de 60 % de l'aide totale reçue par l'Autorité palestinienne entre 1995 et 2005. Les pays occidentaux préfèrent désormais verser cette aide à des ONG, atteignant ainsi gravement les ressources publiques palestiniennes. Ces ONG, ainsi que de nombreuses associations et les Nations unies, travaillent sur le sol gazaoui pour accompagner la population en période d'attaques militaires comme en période de calme relatif, malgré les difficultés, notamment pour faire entrer le matériel nécessaire par le check-point d'Erez, au Nord de Gaza, réservé à l'aide internationale.

L'agence onusienne de l'UNRWA œuvre, quant à elle, pour la santé, l'éducation et la lutte contre la pauvreté pour les réfugiés palestiniens de Gaza, dans et hors des huit camps. Elle gérait, au 1er juillet 2014, 245 écoles pour un total de 232 500 enfants, et 28 centres de soins qui servent également de refuges lors des attaques israéliennes. Si elle s'attache aussi à créer des emplois et à fournir les biens de première nécessité à la population, ses infrastructures et son personnel sont souvent victimes de la guerre.

L'opinion internationale, choquée par la situation de la population de la bande de Gaza, multiplie les groupes de pression et les manifestations de soutien, et de nombreuses associations tentent d'intervenir sur le sol palestinien. La campagne BDS (Boycott, Désinvestissement, Sanctions), suivie dans de nombreux pays, même si elle est souvent déclarée illégale, notamment en France, invite les consommateurs à boycotter les produits issus des colonies israéliennes. De nombreuses actions sont également mises en place en faveur des enfants, premières victimes de la guerre. L'association EJE propose par exemple des centres éducatifs dans les camps de réfugiés, tandis que le Centre de la paix, créé à l'université al-Aqsa, cherche à apporter un soutien psychologique aux jeunes Gazaouis.

Ces associations et ONG se heurtent souvent à la fin de non-recevoir des autorités israéliennes, qui vont jusqu'à réprimer violemment les tentatives d'intrusion dans le territoire gazaoui, comme le montre le tristement célèbre épisode de la flottille Free Gaza à la fin du mois de mai 2010. Cette année-là, le mouvement Free Gaza, aidé de l'association turque IHH, a organisé un convoi de six bateaux transportant plus de 10 000 tonnes de matériel et d'aide humanitaire. Il s'agissait de la troisième tentative en deux ans, la première étant parvenue à débarquer dans le port de Gaza le 28 octobre 2008. Le 31 mai 2010, dans les eaux internationales au large de Gaza, des commandos de la marine israélienne lancent un assaut contre le convoi, faisant neuf morts et des dizaines de blessés. L'indignation est générale et replace le blocus de Gaza sous les feux de l'actualité.

En plus d'apporter leur aide, le but des militants et est de dévoiler aux yeux du monde la situation dans laquelle les Gazaouis se trouvent par le biais de films, de documentaires et de témoignages. Dans ce sens, les associations israéliennes ne sont pas en reste, avec l'association B'Tselem (« à l'image de ») qui cherche à dénoncer les atteintes aux droits de l'homme dans les territoires occupés, ou encore l'ONG *Breaking the Silence* (« Briser le silence »), formée d'anciens combattants israéliens qui cherchent à divulguer les fautes graves commises par l'armée sur ces mêmes territoires. Ils publient ainsi au début de l'année 2015 les témoignages d'une soixantaine de soldats ayant participé à l'opération « Bordure protectrice » qui s'est tenue durant l'été 2014, dénonçant les dérives des ordres donnés par Tsahal.

FAIRE CESSER LE CONFLIT ? L'IMPUISSANCE DE LA COMMUNAUTÉ INTERNATIONALE

Lors de l'opération « Bordure protectrice », alors que les manifestations de soutien à Gaza se multiplient dans le monde, l'opinion publique est frappée par l'absence de réaction de la part de la communauté internationale, qui montre là toute son impuissance à mettre fin au conflit.

Pourtant, depuis le début de la guerre de Gaza, l'ONU multiplie les résolutions et les appels à faire cesser les combats et à relâcher le blocus. Pendant l'opération « Plomb durci », on ne compte pas moins de quatre demandes directes de l'ONU auprès d'Israël, renforcées par des interventions de l'Union européenne (UE), des États-Unis, de l'Égypte et de la Russie, auxquelles on peut ajouter la condamnation publique du blocus par le secrétaire général de l'ONU, Ban Ki-Moon (né en 1944), le 3 juillet 2010. Cependant, parce qu'elles sont non contraignantes, ces résolutions ne parviennent pas à faire plier Israël. Dès lors, l'ONU prend le parti de faire entrer la Palestine dans les instances internationales, à l'UNESCO le 23 novembre 2011, puis à l'Assemblée générale des Nations unies en tant qu'État non membre le 29 novembre 2012. Mais cela reste nettement en dessous de ce qu'espérait l'Autorité palestinienne, qui avait déposé le 21 janvier 2009 une demande auprès de la Cour pénale internationale (CPI), puis une autre le 23 septembre 2011 auprès de l'ONU pour en devenir membre de plein droit.

Aussi la Palestine se heurte-t-elle constamment au blocage des États-Unis qui, en tant que membre du Conseil de sécurité, opposent souvent leur veto à ce type de décision et n'hésitent pas à faire pression sur l'organisme international par des menaces portant notamment sur le retrait de son financement. Ils ont d'ailleurs déjà suspendu leur contribution financière à l'UNESCO suite à l'adhésion de la Palestine, et ont bloqué sa demande d'adhésion à la CPI. Le soutien des États-Unis à l'égard de l'État israélien est notoire et même inscrit dans la loi fédérale à travers le *US-Israël Enhanced Security Coope ration Act* (« loi israélo-américaine de coopé- ration en matière de sécurité »). L'épisode du rapport Goldstone en est un exemple probant. Richard Goldstone, un ancien juge sud-africain, est chargé par le Conseil des droits de l'homme des Nations unies de mener une enquête sur les possibles crimes de guerre commis lors de l'opération « Plomb durci ». Le rapport remis le 15 septembre 2009 accuse notamment l'armée israélienne d'avoir utilisé des armes interdites par les conventions internationales, du type bombes à fragmentation et au phosphore. Mais les États-Unis, fournisseurs de ces armes dans le cadre du plan d'aide militaire accordé à Israël depuis 2008, s'opposent à toute poursuite. L'ONU adopte finalement une résolution demandant aux Israéliens et aux Palestiniens de mener des enquêtes internes qui ne donneront aucun résultat.

Par ailleurs, si les pays occidentaux ont du mal à se positionner dans la guerre de Gaza, c'est également parce qu'ils considèrent Israël, avec qui ils partagent des valeurs communes, comme l'un des leurs. Ce sentiment est accentué, pour les pays européens, par leur responsabilité dans le génocide juif perpétré par les nazis. De plus, Israël est un débouché commercial dont les économies de ces pays ne peuvent se priver. Même si l'Union européenne multiplie les prises de position et les demandes de sanctions à l'encontre de Tel-Aviv, sa marge de manœuvre entre les États-Unis et Israël est extrêmement réduite. Pour autant, le poids de l'opinion publique oblige petit à petit l'Union européenne à agir. C'est ainsi que le 1er janvier 2014, elle exclut du bénéfice de l'accord d'association toute entité ayant des activités dans les territoires occupés.

La position adoptée par les autres pays est tout aussi ambiguë. La Russie, par exemple, maintient une relation privilégiée avec Israël tout en poursuivant ses échanges avec le Hamas, alors que la plupart des pays dits émergents condamnent avec véhémence les opérations militaires menées par Israël dans la bande de Gaza. En ce qui concerne les États arabes, souvent eux-mêmes dans des situations confuses vu l'instabilité qui règne dans la région, ils se servent de Gaza pour appuyer leur politique régionale. L'Iran et le Qatar apportent ainsi un soutien financier au Hamas, pendant que l'Égypte se positionne en médiateur. La Turquie, si elle ne souhaite pas rompre ses relations avec Israël malgré plusieurs incidents diplomatiques, propose après les destructions causées par l'opération « Bordure protectrice » une aide de 200 millions d'euros pour la reconstruction de Gaza, ainsi que l'installation d'un bateau au large de l'enclave pour servir de centrale électrique temporaire jusqu'à la réparation de la centrale de Gaza. Sa proposition est toutefois rejetée par Israël.

Parallèlement au début de la guerre de Gaza, les États-Unis tentent de relancer le processus de paix, au point mort depuis les échecs des accords d'Oslo et de Camp David. De timides contacts sont alors établis entre Ehoud Olmert (homme politique israélien, né en 1945) et Mahmud Abbas dès le mois de décembre 2006. Les États arabes proposent eux, en mars 2007, de s'impliquer dans les négociations de paix, ce que refuse le camp israélien. Le 27 novembre 2007, les Américains lancent le processus de négociation d'Annapolis, dont le but affiché est la création d'un État palestinien. Les hauts responsables américains multiplient les voyages au Proche et au Moyen-Orient, mais ils se heurtent au refus d'Israël d'arrêter la colonisation et de traiter avec le Hamas. Le processus de paix étant à nouveau dans l'impasse, la chaîne Al Jazeera publie en janvier 2011 les Palestine Papers, 1 700 documents secrets issus des négociations et transmis par la délégation palestinienne qui révèlent sa position d'extrême faiblesse face au duo États-Unis/Israël. Les négociations reprennent tout de même à l'été 2013 sous l'égide de John Kerry (homme politique américain, né en 1943), sans plus de résultats, Israël suspendant les discussions suite à un nouvel accord de réconciliation entre le Hamas et l'OLP. En effet, dès 2011, le Hamas et le Fatah tentent de se réconcilier avec l'aide de l'Égypte et sous la pression de l'opinion publique palestinienne. Le 3 mai 2011, Mahmud Abbas et Khaled Mechaal signent au Caire un acte de réconciliation créant un gouvernement d'union afin de préparer des élections législatives et présidentielles conjointes en Cisjordanie et à Gaza, et le Hamas soutient ouvertement la demande d'adhésion de l'OLP à l'ONU. Mais l'accord du Caire peine à se réaliser, de même que la décision, le 6 février 2012, de restructurer l'OLP afin d'y intégrer le Hamas, malgré la réaffirmation par les forces palestiniennes en juin 2013 de leur volonté de mettre en œuvre la réconciliation.

RÉPERCUSSIONS

UNE GUERRE DÉSORMAIS PASSÉE SOUS SILENCE

Une nouvelle paix relative est instaurée à Gaza depuis la fin de l'été 2014, et l'aide humanitaire continue d'arriver péniblement dans l'enclave palestinienne. Mais si l'émotion est vive à chaque attaque de l'armée israélienne contre les Gazaouis, la place de la guerre de Gaza dans les esprits est conditionnée par l'actualité. Parfois sous les projecteurs des médias, elle est vite occultée lorsque d'autres événements surviennent dans la région, comme ce fut le cas lors des révolutions arabes de 2011. À l'heure actuelle, la situation en Syrie, les luttes confessionnelles et la montée du terrorisme détournent les regards de Gaza, alors que l'enclave palestinienne reste dans une situation extrêmement difficile du fait du blocus. Sa levée permettrait le redressement économique de la bande de Gaza, mais l'absence d'initiatives contraignantes de la part de la communauté internationale laisse perdurer le conflit.

LA RECONNAISSANCE DE L'ÉTAT PALESTINIEN

La guerre de Gaza se joue aujourd'hui essentiellement sur le terrain législatif. Souhaitant éviter toute implication militaire, les pays du monde répondent un à un à l'appel de l'Autorité palestinienne pour la reconnaissance d'un État palestinien dans les limites fixées en 1967, limites cependant contestées par les groupes extrémistes de Gaza car elles maintiennent l'enclave dans son isolement. À la fin de l'année 2014, 135 États avaient reconnu l'existence de l'État palestinien, les derniers en date étant la Grande-Bretagne et la France. Cette reconnaissance a abouti, au début du mois de janvier 2015, à la reconsidération par la Cour pénale internationale de la demande palestinienne, qui peut alors ratifier le traité de Rome. Mais cette nouvelle situation juridique de la Palestine inquiète fortement Israël. En tant qu'État, la Palestine a en effet désormais la possibilité d'adhérer à des traités internationaux et de faire appel à la CPI. En outre, si l'État palestinien est officiellement reconnu (alors que la bande de Gaza était jusque-là considérée comme faisant partie de l'État israélien), cela signifie que l'armée israélienne devient une force d'occupation et que toute intrusion sur le sol gazoui constituerait une violation des traités internationaux.

POINT SUR LA SITUATION ACTUELLE

Les premiers mois de l'année 2015 montrent que la guerre de Gaza n'est pas encore sur la voie de l'apaisement. La victoire du Likoud et de Benyamin Netanyahou aux élections législatives de mars 2015 en Israël conforte la politique menée contre Gaza, alors que les Israéliens craignent de plus en plus la force de tir du Hamas qui peut aujourd'hui atteindre Jérusalem et Tel-Aviv. Du côté palestinien, les tentatives de rapprochement entre le Hamas et le Fatah stagnent et, malgré de nouveaux appels à l'union de la part de la population, le Hamas ne semble pas prêt à partager le pouvoir à Gaza et tente de conquérir de nouveaux soutiens auprès du Qatar et de l'Arabie saoudite. Pour autant, le Hamas affiche sa volonté de maintenir le calme dans la bande de Gaza, mais il peine de plus en plus à contenir les groupes extrémistes présents qui refusent de suspendre la lutte armée.

À la fin de l'année de l'année 2014, le Centre culturel français, organisme étranger le plus visible à Gaza, est visé par des explosions, et les attentats à l'encontre de responsables politiques du Hamas ou du Fatah ou encore contre des bâtiments publics et privés deviennent monnaie courante. Le 4 mai 2015, le siège de la sécurité du Hamas est la cible d'un attentat à la bombe perpétré par des islamistes radicaux. Si les spécialistes estiment qu'aucun groupe extrémiste de Gaza n'a encore fait allégeance à l'État Islamique (EI), ils s'inquiètent de la montée de ces radicaux, dont l'attitude contribue à faire monter les tensions à et contre Gaza.

1923-1948
La Palestine est sous mandat britannique

1948
14 mai : David Ben Gourion proclame l'État d'Israël

1967
Israël récupère le bande de Gaza suite à la guerre des Six Jours

1987-1991
Première Intifada

1994-1995
Processus d'Oslo

2000
Seconde Intifada

2006
Janv. : Le Hamas remporte les élections législatives palestiniennes
28 juin-juill. : Opération « Pluies d'été » lancée par Israël

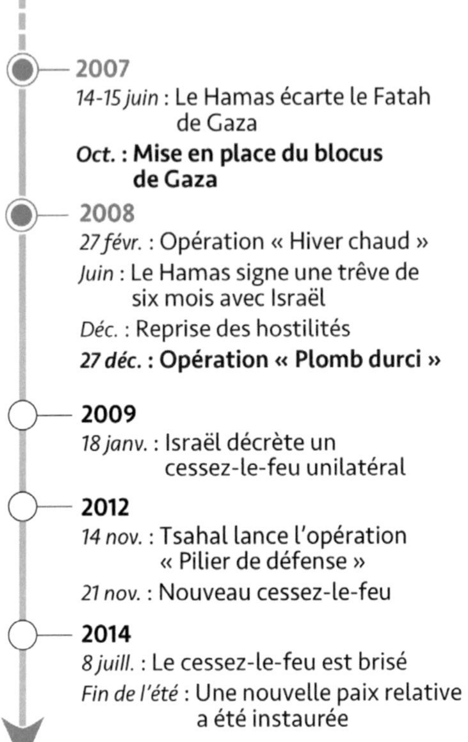

- Le 26 janvier 2006, le Hamas remporte les élections législatives en Palestine. Les pays occidentaux suspendent aussitôt leur aide directe au Gouvernement palestinien. Les premières roquettes sont envoyées sur le Sud d'Israël et, après la capture du soldat Gilad Shalit le 25 juin, l'armée israélienne lance l'opération « Pluies d'été ».

- Dans la nuit du 14 au 15 juin 2007, le Hamas prend le contrôle total de la bande de Gaza après des mois d'affrontements avec le Fatah. Le 19 septembre, Israël déclare l'enclave palestinienne territoire hostile et met en place un blocus.

- En novembre 2007, les États-Unis relancent le processus de paix à Annapolis. Les tentatives de négociations se heurtent jusqu'à aujourd'hui au refus israélien de geler sa politique coloniale et de reconnaître l'État palestinien, alors que le Hamas de son côté rejette toujours l'existence d'Israël.

- Du 27 février au 3 mars 2008, Israël lance l'opération « Hiver chaud » dans la bande de Gaza, après une série d'affrontements avec le Hamas. L'Égypte, quant à elle, décide d'élever un mur sur sa frontière avec Gaza.

- Le 8 avril 2008, le Hamas décrète l'opération « Briser le siège » et lance des commandos sur les postes-frontières. Une première trêve est conclue le 30 avril, consolidée par celle du 19 juin valable pour six mois.

- Le 27 décembre 2008, l'armée israélienne lance l'opération « Plomb durci », qui dure jusqu'au 17 janvier 2009. La violence des combats et l'ampleur des destructions poussent l'ONU à mener une enquête sur des possibles crimes de guerre commis par Israël et le Hamas. Le rapport Goldstone, remis à l'Assemblée générale des Nations unies le 15 septembre 2009, n'est pas suivi d'effet.

- Le 31 mai 2010, une flottille humanitaire qui cherchait à forcer le blocus est violemment arraisonnée dans les eaux internationales par l'armée israélienne. Cette attaque marque fortement l'opinion publique, mais aucune charge n'est retenue contre Tsahal.

- Le 3 mai 2011, un accord est trouvé entre le Hamas et le Fatah en vue d'une réconciliation. Il est renouvelé plusieurs fois, mais n'est pas concrétisé.

- Du 14 au 21 novembre 2012, l'armée israélienne mène l'opération « Pilier de défense » dans la bande de Gaza contre les groupes armés palestiniens.

- Le 8 juillet 2014, Israël lance sur Gaza l'opération « Bordure protectrice », après l'enlèvement et l'assassinat de trois étudiants israéliens. Celle-ci dure 50 jours, et se révèle particulièrement violente et meurtrière.

- Depuis, les tensions persistent entre les deux entités et les conditions de vie des réfugiés ne cessent de se dégrader à Gaza.

Votre avis nous intéresse !
Laissez un commentaire sur le site de votre
librairie en ligne et partagez vos coups de cœur sur
les réseaux sociaux !

POUR ALLER PLUS LOIN

SOURCES BIBLIOGRAPHIQUES

- ABUELAISH (Izzeldin), *Je ne haïrai point : un médecin de Gaza sur les chemins de la paix*, Paris, J'ai lu, 2012.

- A.I.D.A., *Sortir de l'impasse à Gaza*, Oxford, Oxfam GB, 2015.

- BLANC (Pierre), CHAGNOLLAUD (Jean-Paul) et SOUIAH (Sid-Ahmed), *Atlas des Palestiniens, un peuple en quête d'un État*, Paris, Autrement, 2014.

- BOUSSOIS (Sébastien), *Gaza : l'impasse historique*, Paris, Éditions du Cygne, 2014.

- BOUSSOIS (Sébastien), *Israël entre quatre murs : la politique sécuritaire dans l'impasse*, Bruxelles, GRIP, 2014.

- BUTT (Gerald), *Gaza au carrefour de l'histoire*, Paris, Encre d'Orient, 2011.

- *État de Palestine : quelles perspectives ?*, Pantin, Fondation Gabriel Péry, 2014.

- FILIU (Jean-Pierre), *Histoire de Gaza*, Paris, Pluriel, 2014.

- « Gaza Situation Report, 16 November »,
  in *UNRWA* consulté le 6 juillet 2015.
  D'autres rapports sont disponibles.
  http://unrwa.org/resources/reports/
  gaza-situation-report-16-november

- GERARDOT (Maie) et LEMARCHAND (Philippe),
  Géographie des conflits, Neuilly, Atlante, 2011.

- GIBLIN-DELVALLET (Béatrice), *Géographie des
  conflits*, Paris, La Documentation française, 2012.

- GILBERT (Mads), *Brief Report to UNRWA: The Gaza
  Health Sector as of June 2014*, consulté le 21 mai
  2015. http://www.unrwa.org/resources/reports/
  report-unrwa-gaza-health-sector-june-2014

- GRESH (Alain), *Les 100 clés du Proche-Orient*, Paris,
  Pluriel, 2011.

- GUINE (Anouk), « Ziad Medoukh : "À Gaza, on
  résiste pour exister et on existe pour résister" », in
  L'Humanité, consulté le 5 mai 2015. http://www.
  humanite.fr/ziad-medoukh-gaza-resiste-pour-
  exister-et-existe-pour-resister-571874

- HESSEL-CHABRY (Christiane), *Gaza, j'écris ton nom*,
  Montpellier, Indigènes, 2011.

- JAQUET (Pierre), *L'État palestinien face à l'impuissance internationale*, Paris, L'Harmattan, 2014.

- LAMARCHE (Karine), *Militer contre son camp : des
  Israéliens engagés aux côtés des Palestiniens*, Paris,
  PUF, 2013.

- MUTIN (Georges), *Géopolitique du monde arabe*,
  Paris, Ellipses, 2012

- UNRWA, *Situation de la bande de Gaza pendant
  l'offensive Pilier de défense*, consulté le 21 avril 2015.

- UNRWA, *Strategic Response to Gaza
  2014 Hostilities*, consulté le 21 avril 2015.
  http://unrwa.org/resources/reports/
  strategic-response-gaza-2014-hostilities

- VIDAL (Dominique), *Palestine : le jeu des puissants*,
  Paris, Sindbad-Actes sud, 2014.

SOURCES COMPLÉMENTAIRES

- AIT-CHAALAL (Amine), *Proche-Orient : entre espoirs
  de paix et réalités de guerre*, Bruxelles, GRIP, 2010.

- ALLEN (Lori), *The Rise and Fall of Human Rights:
  Cynicism and Politics in Occupied Palestine*,
  Stanford, Stanford University Press, 2013.

- ALTERNA (Aline), COHEN SOLAL (Henri) et NUSSEIBEH
  (Lucy*), Penser la paix, penser l'impossible : le conflit
  israélo-palestinien*, Paris, Lignes n° 46, 2015.

- BAROUD (Ramzy), *Résistant en Palestine : une
  histoire vraie de Gaza*, Plogastel-Saint-Germain,
  Éditions Demi-Lune, 2013.

- BAUMGASTEN-SHARON (Naama), *So Near and Yet
  So Far: Implications of Israeli-Imposed Seclusion
  of Gaza Strip on Palestinians' Right to Family Life*,
  Jerusalem, B'Tselem, 2014.

- BENBASSA (Esther), *Être juif après Gaza*, Paris, CNRS Éditions, 2009.

- BERKOWITZ (Peter), *Israel and the Struggle Over the International Laws of War*, Stanford, Hoover Institution Press, 2012.

- BOURIS (Dimitris), *European Union and Occupied Palestine Territories: State-Building Without a State*, New York, Routledge, 2014.

- BOUSSOIS (Stéphane), « L'image d'Israël dans l'opinion occidentale : une lente dégradation », in *Moyen-Orient*, n° 7, août-septembre 2010.

- « Gaza Platform: an Interactive Map of Israeli Attacks During the 2014 Gaza Conflict », in *Amnesty International*, consulté le 22 juillet 2015. https://gazaplatform.amnesty.org/

- *Le livre noir de l'occupation israélienne. Les soldats racontent*, Paris, Autrement, 2013.

- LE NEN (Dominique), *De Gaza à Jénine : au cœur de la Palestine*, Paris, L'Harmattan, 2014.

- LOVELL (David W.), *Investigating Operational Incidents in a Military Context: Law, Justice, Politics*, Boston, Brill Nijhoff, 2015.

- MELONI (Chantal) et TOGNINI (Giani), *Is There a Court for Gaza? A Test Bench for International*, La Haye, TMC Asser Press, 2012.

- PAPPE (Ilan) et CHOMSKY (Noam), *Palestine, l'état de siège : conversation*, Paris, Galaade, 2013.

- UNRWA, *Flash Appeal*, consulté le 21 avril 2015. http://www.unrwa.org/resources/emergency-appeals/gaza-flash-appeal-2014

- Zolo (Danilo), *Terrorismo humanitario: de la Guerra del Golfo a la carnisseria de Gaza*, Madrid, Bellaterra, 2011.

- Tercinet (Josiane), *Proche-Orient et sécurité internationale*, Bruxelles, Bruyland, 2012.

SOURCES ICONOGRAPHIQUES

- Destruction d'un quartier résidentiel à la suite de l'opération « Plomb durci ». La photo reproduite est réputée libre de droits.

- Découverte d'un tunnel utilisé par le Hamas. La photo reproduite est réputée libre de droits.

FILM ET DOCUMENTAIRES

- *Hamas in Gaza*, documentaire de Stéphane Marchetti, France, 2007.

- *Aisheen. Chroniques de Gaza*, documentaire de Nicolas Wadimoff, Suisse-Qatar, 2010.

- *Gaza-strophe*, documentaire de Samir Abdallah et Khéridine Mabrouk, France, 2011.

- *Le Cochon de Gaza*, film de Sylvain Estibal, avec Sasson Gabai, Baya Belal et Khalifa Natour, France-Belgique-Allemagne, 2011.

- *Gaza Calling*, documentaire de Nahed Awwad, Tunisie, 2012.

- *Tant qu'il y aura un blocus*, documentaire de Nicolas Dupuis et Matthieu Jeuland, France, 2012.

- *Né à Gaza*, documentaire de Hernán Zin, Espagne, 2014.

- Reportages dans la bande de Gaza par des militants de B'Tselem, visibles sur *B'Tselem.org*.

ISBN ebook : 978-2-8062-6664-4
ISBN papier : 978-2-8062-6665-1
Dépôt légal : D/2015/12603/287
Photo de couverture : *Maison du camp de réfugiés de Jabalia détruite par le bombardement israélien en 2012*, Wikimedia CC BY-SA 3.0. La photo reproduite est réputée libre de droits.

Conception numérique : Primento,
le partenaire numérique des éditeurs